AF582884

Lenguaje incorregible

Diccionario de frases

Primera edición: mayo del 2020.
Segunda reimpresión: marzo del 2021.
Tercera reimpresión: julio del 2022.

Ciudad de México.

ISBN 9798839671775.

Impreso y hecho en México.
Talleres Ex libris.
Móvil: +52 1 5584837044.

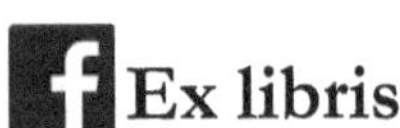

Agradecemos profundamente el apoyo brindado para la realización de éste libro a:

Darinel Jiménez Córdova

Primer Subinspector de la Guardia Nacional

a

Manuel Rodrigo Zubillaga Vázquez

Capellán de adolescentes privados de libertad
Ciudad de México

y, por su maravilloso aporte, al

Doctor Guadalupe Narváez Sánchez

Secretario de Acción Social
de SNTSS

Introducción

El presente trabajo está realizado por personas que tuvieron conflicto con la ley y que, el día de hoy, ya se encuentran reinsertadas en la sociedad, brindando su trabajo —sin fines de lucro— para dar a conocer al público en general, la jerga que se utiliza en los recintos penitenciarios.

La compilación de frases que se presentan en este libro, han sido obtenidas a través del arduo trabajo de una quinteta de jóvenes: Abraham, Jorge, Marcos, Peter y Vincent, quienes se dieron a la tarea de investigar y dar una situación y momento específico para la utilización de estos entretejidos de palabras que, en la mayoría de los casos, denotan un ambiente violento y sin salida para los actores de estos duros episodios que se desarrollan en la cárcel.

El objetivo de este trabajo documental es el de crear consciencia, en propios y extraños, acerca del ambiente que permea la vida diaria de las personas que tienen conflictos con la ley; es por ello que "Lenguaje incorregible" no tiene censura alguna, pues lo descarnado de la vida en recintos de readaptación, sobrepasa cualquier intento de suavizar el entorno o el grado de indefensión de los internos.

Los compiladores desean que la exhibición de estos términos y frases sean una llamada de atención para la sociedad y eviten, por medio del acato a las reglas sociales, ingresar a estos centros de readaptación.

Éric Marváz

A la voz: Enseguida, rápido, al instante, voy corriendo (se puede usar sarcásticamente).

A la vuelta: Para la próxima, después será mi turno, a la siguiente, me voy a vengar, etcétera.

Abusado: Interno que ha sido violado.

Acatarrar: Molestar, hostigar, fastidiar.

Achichincle: Interno que sigue ordenes, secretario, quien acompaña.

Aferrarse: Cumplir un objetivo, empeñarse en ganar una pelea, lugar, un puesto o algún objeto deseado.

Afganistán: Reclusorio o tutelar.

Agravio: Pelea, riña, enfrentamiento.

Agua hasta que salgan sapos: Echar abundante agua al piso de la celda o dormitorio.

Aguacate: Envoltorio de cocaína o marihuana que se introduce vía vaginal.

Aguanta horrores y terrores: Que aguanta todo tipo de castigo, incluso de los custodios y no pide tregua.

Ajos, chiles y cebollas: Cuando estás en el teléfono público en tu llamada tienes que ser breve porque hay más internos que quieren marcar a su casa.

Al llegue: Más o menos, poco, regular.

Al lleguitas: Diminutivo de "Al llegue".

Al parpadeón: En cuestión de segundos, al instante.

Alcanzando las estrellas: Perder la vista a causa de los golpes en la cara durante una pela.

Alebrestado: Interno que está enojado.

Alegrías: Palabra en clave para poder comprar drogas.

Aleonar: Cambiar el carácter de pasivo a agresivo mediante los golpes y el tiempo en prisión.

Almanaque: Ver la evolución de un interno a lo largo de los años.

Amarre de pescadito: Amarrar a un interno de las manos y pies juntos, hacia atrás, mientras se le echa agua para ahogarlo.

Amparado: Interno que se siente intocable porque alguien más lo defiende, interno que intercambia información por protección con la policía y de las autoridades.

Animalito del bosque: Interno ignorante, salvaje, loco.

Años, veranos y cumpleaños: Interno que lleva muchos años dentro de algún penal o comunidad de tratamiento.

Apágate incendio: Tranquilízate estás muy alebrestado, calma los nervios, relaja el estrés, te calmas o te calmo.

Apagón: Desmayar a un interno de un sólo golpe en la quijada.

Apandado: Que ya está cerrado. Acción de encerrar a alguien y lo dejas adentro.

Apando: Candado hecho de una forma artesanal que no es fácil de abrir, sólo se consigue con una llave especial.

Apalabrado: Trato hecho, negocio cerrado, dado por hecho, prometido, asegurado, ya está dicho, etcétera.

Apalabrar: Acuerdo, trato o petición.

Aplauso de la focas: Sonido que se emite al tener relaciones sexuales en las cabañas de los reclusorios.

Apretón: Apretar con la mano el pene.

Aquí estamos y no nos vamos: Estamos en prisión y no nos podemos ir.

Araña: Interno al que le gusta tejer, pero además es obligado a que con estambre, o hilo vela, a hacer pulseras llamadas "correjendas"; revuelto, inventadas, caramelos o tapetes.

Árre Lulú: Frase utilizada para expresar que no hay límites para hacer lo que uno se propone.

Ardilla: Ardido, molesto, enojado.

Aseos: Aseo profesional del dormitorio y patio.

Aventar años como confeti: Acto de jueces y magistrados al dictar sentencias en gran cantidad y sin que a ellos les cueste.

Aventarle huevos: No demostrar debilidad y dolor, poner empeño, demostrar fuerza, agresividad, carácter, sacar la ira en prisión.

Ay, guau: Estoy asombrado, espantado, sorprendido.

Ay no, por favor: Burla. Por favor no me pegues, no me espantes por favor.

Azotar de pescado: Interno al que amarran con pies y manos hacia atrás, después lo suspenden en el aire y, finalmente, lo dejan caer.

Bacha: Lo último que queda del cigarrillo de marihuana.

Bachichero: Internos que por lo mínimo se dan a conocer y recogen del suelo artículos viejos y usados.

Baisa: Cinco, cinco pesos, cinco objetos.

Baisas: Manos.

Balas de néctar: Espermatozoides, semen, eyaculación.

Bambán: El palo, el bate, el tubo con que se golpea a los internos, o entre ellos.

Bambanazos: Golpes con un palo, bate, pedazo de solera o tubo en las nalgas.

Bandera: Conjunto de verduras que son: chile, cebolla y jitomate.

Baño de microbús: Interno al que amarran con pies y manos abiertos para poder tallarlo con la escoba y jabón en polvo, así bañan a los mugrosos.

Baños: Interno que se encarga de limpiar los baños durante todo el día.

Barco: Son artículos de limpieza personal que, un día a la semana, los familiares ingresan para los internos.

Baril: Muy bueno, excelente.

Barquito: Interno al que todos lo roban, golpean, violan o explotan laboralmente.

Bartolina: Celda de castigo para los incorregibles:

Bicicletas: Interno que figura el movimiento al pedalear de una bicicleta estando de espaldas por tiempo indefinido (si te detienes te patean las costillas).

Bigotón: El pene.

Boa: Pene.

Bola: Pelota de frontón.

Bolitas: Golpe en el antebrazo con el nudillo del dedo medio , queprovoca un coagulo de sangre que recorre la vena.

Bombón: Golpe con los nudillos en la mejilla inflada con aire , este produce un sonido.

Bombón de mota: Envoltura de papel higiénico con marihuana en su interior.

Borregón: Interno que tiende a delatar algún acto ilícito, como denunciar a quien lo robó o golpeó.

Bronca: Expresión que se usa para decir de alguien que es vulnerado siempre, dadas sus cualidades de ser débil. Chismoso, metiche, al que nadie quiere.

Bronquitis: Hablador al que nadie quiere.

Buche: Pelota de frontón que no tiene forro.

Bufar: Sobresalir, ser el mejor, ser respetado.

Bufón: Interno al que ponen marihuano para que cuente chistes y haga reír.

Buitres: Interno que sobrevive a costa de otros internos con los apoyos económicos que pide a lo largo del kilómetro o dormitorios, y si no los roba o intimida.

Buscando a Nemo: Un interno tiene que gritar —¿Dónde estás Nemo?—, mientras su cabeza está en el inodoro.

Cabaña: Habitación íntima, clandestina, improvisada con cobijas.

Cabrajendo: Correjendo o interno que le cuenta todo a las autoridades, chismoso, metiche.

Cacaleado: Interno o externo que está bien quemado y ya nadie quiere jalar con él.

Cacha de bola: El pene.

Cacha mocos: Hace referencia a las nalgas, vagina o ano de una mujer.

Cachorro: interno recién llegado a prisión y que otro con poder o mayor antigüedad lo apadrina.

Cacique: Tacaño, roba a la banda, vende miserias.

Cacorro: Gay, Interno al que le gusta dar.

Cagar canicas: Sentirse muy valiente.

Cagarse: Pedorrearse, soltar flatulencias.

Cajuela: Trasero o ano.

Caldo de oso: Caldo de verduras pre cocidas sin sal.

Caldo de sirena: Guisado hecho con surimi y papas duras.

Cállala: Cállate, cierra la boca, guarda silencio.

Camarote: Cama.

Camión: Persona que introduce diferentes productos y sustancias al interior de un penal.

Campanear: Ver, observar o cuidar.

Camuflash: Te estás escondiendo para no hacer nada, esconderte de los custodios por mal comportamiento.

Cana: Cárcel.

Canadá: Cárcel reclusorio.

Candil: Interno que alebresta a la población, hace que se peleen amigos y enemigos.

Canerito: Cigarro de marihuana pequeño.

Canero: Persona que estuvo o está en algún reclusorio, correccional o penitenciaria por largo tiempo.

Canero de chocolate: Persona que, "según él", dice que estuvo en prisión, pero el hecho es que por su fanfarronería se llega a saber que nunca lo estuvo.

Canibal: Gay, interno al que le gusta tener relaciones sexuales con todos los que puede.

Cantante: Interno que le cuenta a las autoridades cómo está el movimiento dentro de los penales.

Cantón: Casa.

Cantonazo: Aventar a un interno fuera de su colchón mientras duerme para que se golpeé fuerte.

Cantoneado: Robado en tu propio espacio.

Cantonear: Buscar un espacio en donde puedas dormir.

Captado: Ya te vi, te descubrí.

Carajo: Magnifico, estupendo, asombroso, esplendido, gracias.

Caramelo: Pulsera tejida en forma de caramelo navideño con estambre o hilo vela.

Caras que espantan, culos que encantan: Los internos que ponen la cara de malotes pero que son los más cobardes.

Carceleárse: Deprimirse o frustrarse estando en privación de la libertad, a causa de estar encerrado.

Cargador de carne: El pene.

Cariava: El pene.

Carnero: Gay, interno al que le gusta recibir.

Carnívoro: Gay, interno al que le gusta dar sexo oral por gusto o por dinero.

Carotas a la verga: Quita tu cara de disgusto cuando te ordeno algo.

Carotas al baño: Quita tu cara de frustrado cuando te ordeno algo.

Carretillas: Forma de secar el piso. Después de lavar el dormitorio, un interno sujeta a otro de los pies mientras otro va secando con la jerga en las manos.

Carritos: Forma en la que se seca el piso después de trapear, manos con la jerga en el piso, impulsándose con los pies mientras se hace el sonido de un carro "ruuuun, ruuuun".

Carroñero: Interno que vive de los demás

Casa azul: Sobre nombre con el que se conoce a la penitenciaría de Santa Martha.

Casco: La cabeza del pene.

Casitas de cartón: Dormitorio con bajo nivel económico.

Casa de las muñecas: Lugar para aislar a las internas y separarlas de los hombres cuando van a diligencias.

Castigar: Masturbarse.

Castillo Greiskol: Es el peor lugar para vivir.

Castroso: Que molesta a todos y no tiene sosiego.

Causa: Persona con la cual eres detenido por la misma actividad delictiva.

Cayó la bronca: Nos descubrieron, llegó la policía, fuimos capturados.

Cayó la verga: Nos descubrieron, llegó la policía, fuimos capturados.

Cepillos: Internos que hacen aseos, barren, trapean, lavan, limpian y mantienen el dormitorio aseado.

Cerillazo: Se toma a un interno por el cuello y se hace fricción en su cabeza con los nudillos.

Chabeliado: Interno al que le avientan espermatozoides estando dormido.

Chabelote: Joven o adulto alto y con gran masa muscular.

Chacalear: Mirar feo y con desprecio a una persona.

Chacaleche: Interno que aparenta ser agresivo cuando en realidad es cobarde.

Chácharas: Galletas, pan, cereal, gelatina, yogurt, refrescos, garrafón de agua de sabor, palomitas, chicharrones, papas, takis, paletas y duraznos en almíbar.

Chaineada: Limpiar por encima, limpieza superficial de algún objeto, lavado rápido.

Chamaco lioso: Joven problemático.

Chanate: Encajoso o abusivo.

Chanateárze: Abusar o ensañarse mientras golpean a un interno.

Chanchota: Líder de dormitorio, sección, patio, comunidad, penal, correccional, reclusorio o comunidad.

Changuera: Lugar de aislamiento, castigo o segregación.

Chapulinear: Brincar la autoridad de un interno o autoridad, robar el lugar de un interno o persona.

Charrasca: Navaja hecha de solera, también se hace de navajas de rastrillo.

Charrascas: Son tres cortadas verticales u horizontales en el pecho, piernas, cuello, hombro, espalda, brazos o muñecas; marcas que representan la identidad del correjendo, simbolizan la vida, la fiesta y el encierro: cada quien elige su significado.

Chato: Triste o preocupado.

Chato como Porky: Estar enojado y no aceptar acciones que te incomoden y no puedes hacer nada, sólo aceptar.

Chequera: Interno que no tiene familia o que tiene una gran sentencia y cobra dinero o drogas por matar a otro interno. ya no tiene qué perder.

Chicha: Trapeador u objeto viejo.

Chicharrón de mar: Chicharrón de cerdo rancio y salado que se encuentra en el menú de los centros penitenciarios.

Chichazo: Golpe con el trapeador mojado y sucio, es más común en la cara.

Chicotear: Movimiento que se hace con la mano en el pene , sacudiéndolo de arriba hacia abajo en las piernas, nalgas o en la cara de otro interno; produce un sonido.

Chillón: Nombre de la extorsión que simula que algún niño está llorando y pide auxilio.

Chirimiky: Interno que carece de visita y recursos para asearse, o simplemente es el último escalón de esa gran pirámide que es la cárcel; hacen las misiones extremas que otros internos no realizan ni porque les paguen, por ejemplo sacar una pelota del fontón del drenaje y lavarla con sus manos.

Chinear: Aplicar la llave china a un interno para someter y robar en el kilómetro o en algún otro lado de la cárcel; es para lo que más se emplea.

Chiricahua: Interno ignorante y feo.

Chiricuazo: Golpe con la palma de la mano en la nuca.

Chispar: Salir de un apuro o problema, zafarse, escapar.

Chíspate: Dar sexo oral o en el ano, penetrar, violar a otro interno.

Chispazo: Corto eléctrico sobre papel de baño untado con crema para zapatos, el objetivo es producir fuego y poder fumar marihuana o crack.

Chitón: Callado, no digas nada de lo que viste.

Chiqui zona: Área especial para segregar internos.

Choto: Interno con preferencias sexuales alternativas.

Chundo: Interno, güero o moreno, feo pero con mucha fuerza.

Chundo maleado: Que tiene malicia o no importa la condición social del Interno para poder estar en el encierro.

Cobacha: Bodega, también se usa como cubículo para guías y custodios.

Cojido: Interno que ha sido violado dentro de la comunidad.

Cojiloco: Interno que ha sido violado y le gusto.

Colgado: Dormido.

Colgado de la lista: Que no paso a tiempo su lista de asistencia, que es obligatoria, y lo mandan a castigo como medida de apremio.

Comadrón: Que no sabe guardar un secreto y lo divulga, ya sea verdad o mentira, es el equivalente a chismoso.

Cómete una nuez: Estás molesto y ardido pero relájate.

Comer callado: Que no echa de cabeza a nadie o no habla nada, acepta la sanción o castigo que se le impone.

Cómo: Frase que se utiliza para expresar un ¿Qué? o un ¿Mande?, al final o al principio de una oración.

Comprar años: Estar dispuesto a cometer algún delito dentro del penal o a matar a otro interno por dinero o drogas.

Con cacha o sin cacha: Cigarro con filtro o si filtro.

Con Toño: Con todo, darlo todo en alguna actividad, con toda tu fuerza, con actitud.

Conejo Blas: Con eso está bien, es suficiente.

Conspirar: Planear una traición en contra de tus compañeros y del resto de los internos, hablar mal de los internos.

Convivencia: interno que es renteado y o extorsionado

Corbatearse: Ahorcarse.

Coronado: Interno que logro conservar el dinero que hizo mediante el delito.

Correcaminos: Golpe con la rodilla en el muslo.

Correjenda: Pulsera tejida a mano en revuelto, inventado o fantasía con estambre o hilo vela.

Correjendazo: Golpe con el codo en la cabeza o cuerpo; es más común en la cabeza.

Correjendo con ginebra: Dos golpes con el codo en la cabeza ida y vuelta o en el cuerpo; es más común en la cabeza.

Correjendo: Joven que estuvo o está en La Correccional para Menores San Fernando número 1, actualmente la Comunidad de Tratamiento Especializada para Adolescentes.

Crack o piedra: Mezcla de cocaína con bicarbonato o algún otro corte.

Cristos: Ponen a un interno a levantar garrafones de diez o veinte litros con ambos brazos; si bajan los brazos les pegan en las cortillas y le patean los testículos. **Cuadernos:** Cuates, amigos.

Cuadro: Movimiento, acción, actividad, también refiere el acto de una pelea corta y con puño limpio.

Cuando bajas de precio, bajas de peso: Se utiliza cuando alguien pierde respeto, dignidad y jerarquía ante los demás internos, derivado de los excesos en las drogas y falta de atención con uno mismo.

Cuánto pesas: Levantar los genitales con la palma de la mano.

Cuánto tienes cuánto vales, nada tienes nada vales: Es la posición económica que tienes en el reclusorio, para recibir limitaciones o todas las atenciones.

Cuarentaycazo: Golpe en el cuello, con tres dedos formando el puño, y con el dedo índice y pulgar simulando la figura de una pistola.

Cuauhtemazos: Quemarle los pies a un interno con papel de baño untado con brillo de zapatos entre sus dedos mientras duerme.

Cuernos gachos: Internos que son infieles, traicioneros y mujeriegos.

Cuete: Pistola, ametralladora, rifle, escopeta.

Culo te va a hacer falta: No te la vas a acabar, vas a estar llorando, no tienes las agallas, eres cobarde, eres débil.

Culos a la pared: Tener cuidado porque algo va a suceder, y ser precavido escondiendo el trasero, porque en la cárcel se cuida como algo valioso.

Dar una bicoca: Que da poco o lo mínimo.

Darle Rock: Matar, pegar, golpear, fumar, terminar, hacer, lograr, etcétera.

Darse cuerda: Meterse el dedo en el ano para masturbarse.

De a perro: Encerrado, sin visita, sin dinero, sin familia, sometido. Pasar sufrimiento, no poder comer, no degustar buena comida, soportar a puro loco, estresado, frustrado, sin saber qué va a pasar, en posición de perrito para ser violado, etcétera.

De a peso pal preso: En los reclusorios y penitenciarias venden jabón, café, té, enseres e insumos en un peso.

De mi barrio: Interno que vive en la misma delegación.

Dedo sin uña: El pene.

Densidad del leño: Tamaño del pene.

Derretir: Quemar a los internos con agua hirviendo durante una riña.

Desconecte: Pelea violentísima, repentina, sin ningún motivo en específico.

Descontón cabaretero: Acción que realiza un interno, a traición, al golpear y salir huyendo.

Depósito de carros chocados: Dormitorio asignado para internos con capacidades diferentes.

Desformado: Interno que ya no hace aseos por haber hecho antigüedad o por ser agresivo se lo ganó, después hace lo que quiere y nadie lo molesta.

Diente de serpiente: Es el equivalente a diez pesos.

Diamante: Módulo de máxima seguridad ubicado en CERESOVA.

Directo a la bragueta: adular a un interno con poder.

Disfrazar el rancho: Sazonar la comida institucional con un jitomate, chile o ajo para darle un mejor sabor.

Domesticar al perro: Educar a un interno mediante los golpes.

Dormir de a gallo: Dormir en la bardita del baño como gallo.

Dormir en la moto: Dormir sentado en la taza del baño debido a la falta de espacio y la sobre población.

Echarle caldo: Meterle entusiasmo al asunto.

El acá y allá: Las cosas, objetos, lo bueno, lo mejor, lo bello.

El bote: La cárcel.

El encaje: Encajarse con un interno al golpearlo o al dañar su integridad.

El oro: Sobrenombre con que se le conoce al CERESOVA.

El que pide paz quiere más: Frase para definir a alguien que le gusta la mala vida y provoca malas situaciones para con él.

El Reno: Contracción de Reclusorio Norte.

El resto y el restaurante: Quedarse en ceros, dar todo lo que te resta, económicamente, emocionalmente, sentimentalmente.
El valle de las focas: Lugar en las gradas del campo de futbol donde permanecen internos la mayor parte del día, y que son excluidos de su entorno o lugar asignado por la autoridad por ser irresponsables o "vale verga".

Emipo: Joven que hace estupideces, tonterías, o tiene alguna discapacidad.

Embarcado: Interno que por un error se endeuda por el resto de su ingreso o hasta que él lo desee.

Encapuchados: Se encapuchan los internos con toallas o suéteres para poder hacer maldades o puedan pelearse y que no los reconozcan.

Entuzar: Acción de guardar en la tuza.

En cinco: En cinco minutos quiero que esté lista y preparada cualquier actividad.

En corto: Rápido, de volada, al instante, enseguida.

En K5: Súper rápido.

En lo poco se ve lo mucho: Expresión utilizada para denotar agradecimiento de algún hecho o apoyo, por mínimo que este sea; ejemplo: obsequiar un peso o cincuenta centavos.

Encendido: Alebrestado, molesto, furioso, enojado, rabioso.

Encobijado: Cubren a un interno con una cobija para que no vea y se le pueda golpear a gusto, después hay que correr para que no vea quién le pego, es sólo por diversión.

Enfiestado: Llevar varias horas o días tomando, fumando y drogándose.

Enloquecido: Interno que pierde el control estando bajo el efecto de la droga.

Enseres: Jabón, champú, jabón de tocador, cobijas, tenis, ropa, escoba, jalador, trapeador, crema, gel, estambre, pasta, cepillo dental, líquidos limpiadores, etcétera.

Entachar: Guardar y contrabandear droga o celulares, ya sea vía anal o en alguna parte del cuerpo, e ingresarlos al reclusorio o tutelar para menores .

Enterrado: Chaparrito, de baja estatura.

Entre risa y risa se les va la longaniza: Mostrar apariencia feliz pero hay desventaja y estás perdiendo dentro de prisión.

Entripado: Gordo obeso.

Equipo de choque: Internos con grandes habilidades para pelear, robar, hablar, jugar, tejer, hacer, etcétera.

Eres roca: Eres de bajo intelecto, zonzo, menso, torpe.

Eres un dolor de huevos: Eres insoportable, nefasto, despectivo, grosero, faltoso, vulgar, etcétera.

Érick Clapton: No tengo nada.

Erizo: Pobre, de escasos recursos.

Es recio: Que no hay obstáculos para realizar una acción, actividad, deporte, ir por todo, es decir tener toda la actitud.

Es show: Es broma, no te enojes.

Es genere: La acción que realiza un interno para cubrir sus gastos del día a día, haciendo mandados, lavando ropa, trastes o trabajando.

Es un tiro: Interno con grandes habilidades para pelear.

Espaldillas: Forma de secar después de lavar el dormitorio, se pone el trapeador en el piso y el interno, boca arriba, se acuesta sobre él, después se impulsa con sus pies para poder avanzar y secar.

Esponja: Colchón hecho de esponja.

Está de a peso: Los agravios, golpes, muertos, etcétera, que están a la orden del día.

Estancia: Lugar que te designa el área de observación y clasificación, para purgar tu sentencia, es igual a celda.

Estar barato: Hace referencia de desprecio, que no cuesta mucho trabajo ganarle o pegarle a otro interno.

Estar enamorado de La chica de humo: Fumar crack y no alejarse de esa adicción.

Estar en clave diez: Se refiere a tener un seguimiento por parte de las autoridades, al tener que estar firmando cada hora una lista, es decir te tienen en observación, por alguna llamada anónima o intento de fuga

Estás bien cagado: Estás bien feo, chistoso, como si *Walt Disney* te hubiera creado.

En quinta: Posición en la que abres las piernas a la altura de los hombros, y te agachas tocando tus pies con la punta de los dedos por tiempo indefinido; también te ponen así para darte tablazos.

En quinta emipa: Boca abajo en posición de lagartijas pero con los codos en el piso, piernas bien estiradas, es súper doloroso.

Equis "X": Desconocido, equis persona, equis objeto, equis situación.

Fajina: Aseos excesivamente pesados en los cuales se hacen patitos, carritos, carretillas y espaldillas.

Felipes y con tenis: Felices y contentos.

Feliz o feliciano: Es todo o nada.

Fibra: Motivado, alegre, entusiasmado, enérgico, disciplinado, movido.

Fierros, palos y soleras: Con todo puedo responder agresiones.

Fila de cebollita: Fila en la que sientan en el piso, semi desnudos con las manos en la nuca, a un adolescente tras otro -tipo trenecito-, lo hacen cuando van a revisar el dormitorio o después de una riña o motin en un reclusorio.

Fila india: Se hacen dos filas viéndose una a la otra para que por en medio pase un interno y todos lo golpéen.

Fileteadas: Acuchillar a algún interno con navaja, cuchillo o pedazos de solera.

Flashazo: Golpe con el dedo medio impulsado por el pulgar en uno o ambos ojos, eso te hará ver luces.

Flauta: Cigarro de marihuana pequeño y largo.

Flavio: Fumarse un cigarro de marihuana.

Focazos: Fumar piedra o crack dentro de un foco fundido con ceniza de cigarro.

Forjar: Hacer un cigarro de marihuana.

Fórmenla: Orden que dan los custodios, guías o líderes del dormitorio para formarse y ponerse en posición de descanso.

Francés: Interno que no recibe visita, internos en situación de calle, internos sin familiares; son hijos de Francia.

Franquis: Descarga eléctrica que se da en la cabeza.

Fresco: Tranquilo, relajado, alivianado.

Fresón: Fino, elegante, deslumbrante, adinerado.

Frijoles pandilleros: Tienen piedras y palos.

Frío los putos y las borregas: Que no debes de tener frío al realizar una acción que te ponga en riesgo, o no quejarte del clima, porque sólo los borregas dicen que hace frío.

Fufurúfas: Prostitutas.

Fumado: Interno drogadicto, flaco, desnutrido y sin oficio ni beneficio.

Funda de cuero: Prepucio del pene.

Gallo: Cigarro de marihuana pequeño.

Ganchos: Golpe con ambas manos en las cortillas.

Ganchudo: Interno con poder.

Garrafa: Garrafón con capacidad de diez litros, se usa para echarle agua a los baños y para el aseo.

Grifa: Interno al que nadie respeta, todos le hacen burla, todos le pegan, todos lo ignoran, nadie lo quiere.

Grifear: Fumar marihuana.

Guáguara: Fanfarrón, hablador, labioso.

Guaguancó: Interno que es hablador y no es de peligro, utiliza las habladurías para intimidar

Guaje: Menso, zonzo, torpe.

Guarumo: Cocaína en piedra hecha pedacitos o pulverizada.

Guantánamo: Áislo o modulo de castigo por faltar al reglamento interno disciplinario.

Guasones: Con dos dedos en la boca de un interno le estiran los labios de forma horizontal hasta romperle los bordes.

Hablar de maciza: Acción de hablar de más sin tener conocimiento de causa.

Hablar de Maelo: Interno que no sabe lo que está diciendo, y habla nada más por hablar

Hacer puntos: Es ganarse el respeto y sobresalir,con base en el uso de la violencia.

Hacer valer el pedo: Realizar un gran favor, cubrir algo.

Haz como que te rascas: Se le dice así a un interno cuando le pegan, tiene que fingir que se rasca cuando en realidad se está sobando.

Hechizo: Falso, imitación, barato, copia.

Hong Kong: Cárcel, lugar a donde van a sufrir los hombres con una gran población.

Huesitos: Golpes con un palo de escoba en los tobillos.

Huevos a la lela: Meterse y asomarse a una celda sin autorización o tomar participación en una conversación que no le incumbe.

Huevo radioactivo: Huevo verde, crudo, que regularmente se sirve en el desayuno.

Impactarse: Fumar piedra (crack) hasta quedar paniqueado, jalón de piedra.

Impacto: Acción de fumar crack.

Incubando laicos: Perdiendo el tiempo.

Irak: Cárcel, lugar a donde los hombres van a sufrir.

Irigozo: Llorón, cobarde, chillón.

Jade: Golpe con la mano abierta en la cabeza de un interno.

Jaladores: Interno que jalan el agua después de lavar el dormitorio o patio.

Jalar: Hacer barras y pesas, ejercicio.

¿Jalas o te encasquillas?: ¿Vas a ir o te da miedo?

Jamonazo: Nalgada.

Jaspia: Comida.

Jefota: Líder de los líderes del dormitorio, patio, comunidad, penal, correccional, reclusorio o comunidad.

Jiribillas: Travesuras, tendidas y sometidas.

Jugar al camión: Todo el dormitorio juega a que van en un camión y se suben a asaltar, lo hacen para poder pegarle a los asaltantes, a "los nuevos" y gritan: —¡Estamos hartos!.

Jugarle a la piñata: Quitarse la vida al ahorcarse y quedar colgado de algún lugar.

Kilómetro: pasillo largo que te adentra a los dormitorios, y servicios generales, también es un área en común en donde se vende de todo.

Kosovo: Dormitorio en la penitenciaria, que se encuentra en el subterráneo.

La ambulancia: Dos internos llevan a un muerto y/o persona acuchillada a servicio médico, cargándolo con una cobija mientras simulan el ruido una ambulancia.

La antena HD: Interno que nada más está checando el movimiento para informar todo a la autoridad.

La carroña: Comida institucional que no es muy agradable a la vista ni al gusto.

La carroñita: Población que no cuenta con visita familiar en un reclusorio y no tiene recursos económicos.

La chacalona: Poner la cara de perro bulldog, de malote.

La chica hace la grande: Expresión que se utiliza para decir que se ha logrado reunir, poco a poco, la cantidad necesaria para cubrir alguna necesidad propia de la cárcel. De peso en peso juntamos la moneda de diez pesos.

La chida: La mentira falsa.

La congeladora: Sanción por parte de las autoridades del penal, y te dan seguimiento para observar tu comportamiento y aislado en una bartolina.

La corona: Tener éxito en la cárcel.

La costra: Internos mugrosos, cochinos, sucios.

La de actividad paranormal: Amarrar de los pies a un interno mientras duerme para poder jalarlo y que salga volando hacia el piso, como en la película "Actividad Paranormal".

La de envidia: Interno con cara de envidioso.

La de ingreso: Cara de espantado, recién llegado a la cárcel.

La del bastón dorado: Se usa para referirse a una persona de la tercera edad que visita asiduamente a los que no tienen visita conyugal, con el objetivo de recibir favores sexuales. **La dorada:** Moneda de diez pesos.

La escabeche: Escabeasis.

La fantom: Te vi sin que te dieras cuenta.

La gárgola: Interno que se queda parado sin hacer nada, aletargado, lento, adormilado.

La humildad hace la elegancia: Frase utilizada por internos que te piden apoyo económico y te adulan para obtener un beneficio, también lo haces para demostrar la jerarquía que tienes dentro del penal, ser humilde en toda la extensión de la palabra.

La lavadora: Interno que lava ropa; el nuevo.

La lista: Se refiere al pase de lista de asistencia, la cuál es obligatoria para llevar un control y conteo de los internos en todas las áreas, y así evitar una evasión o fuga.

La lleca: La calle.

La mafia: Internos que se dedican a lo malo dentro de los penales: extorsionan, venden droga y matan.

La maña: Internos que se dedican a cosas malas dentro de los penales: extorsionan, venden droga y matan.

La máquina: Palabra para hacer referencia a un teléfono móvil o celular.

La mínima: Cualquier aportación por diminuta que sea es bienvenida.

La misión: Encargo o mandado que hay que cumplir, por ejemplo matar a alguien.

La mota: Interno al que nadie respeta, todos le hacen burla, todos le pegan, todos lo ignoran, nadie lo quiere.

La perrera: Camioneta de traslados.

La renta: Interno al que extorsionan y talonean.

La recolecta: Acción que se realiza por un interno al pedir un apoyo económico a sus compañeros, al estar castigado o aislado, esto puede ser económico o en especie.

La Sonora Montañera: Aventarle montón a una grupo menor de internos para poder controlarlos.

Labial: Ponerle el pene en la boca de un interno que está durmiendo.

Lacoste: internos sucios que no se bañan

Lagrimitas: Golpe con el tubo de tinta de una pluma en la punta de la nariz (provoca lágrimas y estornudos).

Laira: Encendedor.

Laico: Parásitos blancos y transparentes que se reproducen por la falta de higiene en la ropa de los internos, piojos blancos.

Lamparear: Golpe con los puños en ambos ojos.

Las cabañas: Espacios que usan para tener relaciones sexuales.

Las duras: Piedras para fumar crack o cocaína.

Las mentas: Golpe con el puño en el pecho, garganta y barbilla (refrescan toda la garganta).

Las tres: Pedir unas fumadas de marihuana o cigarro comercial.

Leche de buitre: Hace referencia a los espermatozoides y/o eyaculación masculina.

Leones, tigres y panteras; todos comen carne: Aunque algún interno se sienta o sea muy malo, siempre habrá alguien con más poder.

Licuadoras: jalarle el pelo y sacudírselo a un interno mientras hace el ruido de una licuadora.

Línea: Teléfono celular.

Litrero: Recipiente de yogurt para depositar la comida o un litro de agua.

Llegas: Dices, mientes, bromeas.

Llegaron los beneficios: Acción de formarse a recibir los alimentos que la institución otorga por derecho a la alimentación.

Llego la chida: Al interno le llega una notificación favorable, ya sea de libertad, modificación de sentencia o delito

Llego la chida: Al interno le llega una notificación favorable, ya sea de libertad, modificación de sentencia o delito

Llevárselos libres: Hace referencia a la eyaculación masculina dentro de la vagina o ano.

Lo bajaron de la nube en que andaba: Que andaba muy elevado y que perdió, ya sea en una pelea o en alguna acción, que todos lo vean por debajo del hombro

Lo chulo y lo bello: Las mejores y más caras cosas dentro de la comunidad, o reclusorio.

Lo que se habla con la boca se sostiene con el culo: Si dices algo hay que cumplirlo si no mejor no hables, por qué habrá consecuencias.

Lonjas de oro: Frase que utilizan los internos para referirse o hacer referencia a una mujer con sobrepeso y los apoya económicamente para cubrir los gastos que genera estar en el interior de un penal.

Los aleluyos: Cristianos, hermanos de la religión.

Los Chabelos: Los espermatozoides.

Los K9: Binomios de custodios anti drogas.

Lukas: Se refiere a una cierta cantidad de dinero, tanto dinero.

Machín: Mucho, bastante, demasiado.

Madrina mágica: Líder que apadrina a varios internos.

Maestros: Golpe con un palo en las uñas de los cinco dedos de las manos.

Magic touch: Cigarro de marihuana.

Mal del hoyo: Lesión causada por rascarse sin tener la higiene adecuada.

Mamá Cuacuá no vuelvo a robar: Frase que se canta mientras se hace aseo.

Mamá Choncha: Líder de dormitorio, patio o reclusorio.

Mamá Lui: Líder de dormitorio, patio o reclusorio.

Mamá lechita papá cornfleiks: Interno que cuenta con el apoyo de papá y mamá.

Mamadas debajo de la cintura: No quiero pendejadas.

Mamadito de plastilina: interno que asiste al gimnasio y está fuerte.

Mamila: Envase vacio de aceite menen para depositar solvente.

Manitas: Golpe con un palo en las palmas de las manos y al revés.

Marchazo: introducir los dedos en el ano.

Mary Jane: Marihuana.

Mascota: Interno que ocupa el papel de una mascota, perro, gato, león pequeño.

Máscara de hierro: Lugar confinado en donde nada más por la puerta hay un orificio y solamente cabe la charola para la comida.

Mata conejo: Golpe en la nuca con la mano de modo vertical.

Mata conejo con íris: Golpe en la nuca con la mano de modo vertical, mientras el golpeado simula cómo muere el conejo por el golpe.

Mato marido y pongo apellido: Hacerse responsable de una mujer, de sus hijos y de sus gastos.

Me apesta como a Mufasa: Soy el mejor y el más chingón.

Me apesta la verga: Soy el mejor y el más chingón.

Me dijeron que me guardaras esto: Frase que se les dice a los internos antes de acuchillarlos.

Me la Pérez Prado: Me la pelas, soy mejor.

Meter gol: Joven mayor de edad que presentó documentos de un familiar menor de edad para ser juzgado como menor.

Mi agravio: Interno con el que existe algún conflicto.

Mi niño: Interno que hace lo que le pido cuando se lo pido.

Mi ñero: Camarada de aventuras.

Mi perro: Interno al que tengo como mi chacha.

Mi puto: Interno al que le puedo pegar y ofender por gusto sin que él se revele.

Mi tío: Señor, viejo, adulto.

Miau: Golpe duro en la sien y maullar como un gato.

Mientras haya sol todo es playa: Sentimiento de no importar en que reclusorio se esté, ni bajo qué condiciones, la vida es bella dentro y fuera.

Mini hampón: Chaparrito.

Misionero: Interno que hace los mandados y encargos.

Módulo: Castigo.

Mole de trompa: Que sólo se dicen palabras, sin llegar a los golpes o lesiones

Monedero de pellejo: hace referencia al ano o recto, para guardar algo en su interior.

Monstrear: Traer de chacha a un interno de nuevo ingreso o a un interno débil y cobarde.

Monstruo: Cobija que te dan al ingresar a la comunidad o reclusorio

Muévanla: Apúrense, muévanse, rápido.

Muerte Lenta: Mortadela aguada y en mal estado.

Murciélagos: Colgarse en lo alto de la celda con una cobija y dormir ahí las noches.

No es gripa, es catarro: Molestas, acatarras, interno fastidioso e irritante.

¿No le pierdes?: Sentir que aunque te están pidiendo un favor lo haces y ellos quieren más.

No levantar polvo: Que es discreto en toda la extensión de la palabra.

No sientas que guau cuando miau: No te quieras sentir importante cuando no lo eres, no quieras mandar porque aquí tú no mandas.

No te claves: No te enfoques en ese problema, no te enfurezcas, no estés de ardido.

No te quemes: No te exhibas, no te delates.

Ñañaña: Dosis de antidepresivos en pastillas.

Operador: Interno que maneja el movimiento dentro del penal o comunidad.

Operativo: Revisión de dormitorios e internos.

¿Óra qué?: ¿Qué te pasa?, no inventes, no hables de mal de mí.

Orejas de elefante: Guisado hecho a base de bisteck duro.

Pabilo: Atarantado, zonzo, menso, desorientado, distraído, etcétera.

Pablito: Pagador, inocente del delito, interno que tiene que pagar por algo que el no hizo, dijo o tomo.

Pachequeárselas: Pensar, imaginarse, espantarse, alucinarse, etcétera.

Pachequillo: Marihuano.

Padrino: interno con solvencia económica en abundancia.

Pájaro Nalgón: Que no es de peligro, sólo es hablador.

Palpis: Palpar el pene con la mano.

Palacio del suelo: Tianguis en el interior de la cárcel en donde puedes comprar tenis ropa y cháchara.

Panal: Lugar de protección a los internos.

Panano: Tres golpes con un palo de madera desde los chamorros nalgas y espalda. Interno que trabaja en la panaderia,

Panochazo: Navajazo o solerazo.

Pantano: Caldo sin sabor hecho de puras verdolagas crudas.

Panque: interno que cuenta con todas sus visitas.

Para comer aquí: En el momento en que te sentencian y te dicen que te vas a quedar en prisión preventiva, sin beneficios o derecho a fianza, "Los años que te dan los vas a pasar aquí", de ahí nace esta frase.

Parte del show: No te molestes, es normal.

Pásame un pan: Para quitarme el susto, se usa sarcásticamente.

Pastazo: Ponerle pasta de dientes en los ojos a un interno que esté durmiendo para después ser golpeado.

Pastel: Pastel hecho de yogurth, galletas, gelatina, lechera y pan.

Pastelazo: En una hoja de papel se pone crema, talco y pasta dental, después es arrojada en la cara de interno que esté durmiendo.

Paso del buitre: Puente de la visita familiar que se conecta con los dormitorios y anexos, y que es el favorito para despojar de sus pertenencias a los tiernos.

Patitas: Golpes en la planta de los pies con un palo de escoba.

Patitos: Caminar en cuclillas como los patos mientras trapeas con las manos y cantas "Mamá Cuacuá no vuelvo a robar".

Patraña: interno que no tiene valores, al traicionar o defraudar la confianza que se le tiene, al pedirle un favor, por ejemplo que venda algún artículo, no entrega el dinero de la venta

Payo: Interno con capacidad económica suficiente.

Pechugazo: Golpe duro en el pecho con el puño o con la mano abierta.

Peluperro: Cobija o ropa de borreguita gruesa y caliente para los tiempos de frio.

Penetrado: Interno que ha sido violado dentro del penal o comunidad.

Pensador en vela: Posición de castigo, cabeza hacia abajo, codos y ante brazo en el piso y con los pies levantados por tiempo indefinido, es una posición de castigo; el interno se llega a desmayar por estar tanto tiempo de cabeza.

Pensador: Posición de castigo, pies y codos en el piso con manos en la barbilla, sin que el abdomen toque el suelo, por tiempo indefinido, interno que no resista es golpeado.

Pesado: Expresa un sentimiento exagerado, mucho y varios, buenos o malos.

Pescado fresco / carne fresca: Interno de nuevo ingreso.

Picudeo: Enfrentamiento verbal o a empujones entre dos internos.

Pide viada: Rogar para que te dejen de golpear, pedirle paro a las tutoras, guías o custodios.

Pigüi: Tocar el pene.

Pierde ruco: Golpe a un interno, rápido para que no vean quien fue, también lanzarle un objeto a otro interno sin que vea.

Pies de ropero: Interno de baja estatura.

Piezas: Piedra, crack, droga a base de cocaína.

Pinochazo: Estirar la nariz de un interno para que crezca como la de Pinocho hasta ponerla amoratada.

Pito de perro: Guisado a base de salchichas institucionales con caldillo de jitomate sin sabor.

Planchas: Interno al que se pone con manos y pies en el suelo en posición de flexiones —lagartijas— por tiempo indefinido, es una forma de castigar, el interno que caiga es golpeado hasta que se levanta nuevamente.

Playa tamarindo: Cuando las regaderas de un dormitorio se tapan por la suciedad, motivo por el que empiezan a flotar las eses fecales, de ahí el nombre.

Pollo dinamitado: Pollo triturado crudo, con sangre, para la comida,

Pollo soleriado: Piezas de pollo con la carne morada, verde, roja y con sangre.

Poncharás: Golpe fuerte en el estómago que provoca la pérdida del aire.

Poncharse: Delatar, acusar, exponer, exhibir, actos de violencia ante la autoridad.

Poner el cuadro: Poner en evidencia una acción, plan, trato negocio o circunstancia de carácter ilícito.

Poleana: Juego hecho de madera con reglas parecidas al de "Serpientes y escaleras", pero con números y dados, cada centro de reclusión tiene sus propias reglas.

Poñoñón: Golpe ejecutado con el puño cerrado como el "tomahawk" con la diferencia que, cuando se termina el último golpe, el que recibe el castigado debe de emitir un sonido como un perro aullando.

Por favor y por tu bien: Realizar lo que se te pide forzosamente y sin cuestionar, el que no lo hace es golpeado o en algunos casos es asesinado.

Porque, porque: Jalar el pelo de manera circular a un interno mientras le dices —Porque, porque—.

Poseído: Atarantado, zonzo, distraído, interno que tiende a equivocarse demasiado.

Power ranch: Comida institucional.

Prender: Robo, extorción.

Prendido: Robado o golpeado, depende de la acción a realizar.

Presta: A ver, dámelo. Quitarle una pertenencia a otro interno.

Presta mamada: Acción que se realiza al no tener miramientos si hay una amistad, relación o parentesco para lograr una traición a otro interno.

Prestarse para la cháchara: Ser cómplice de malas acciones, dejar que roben, maten o golpeen a un interno, dejar que pasen droga o celulares a algún centro entre otras acciones.

Pronto: Es como decir nunca.

Proteccionado: Trasladado a protección.

Proteino: Interno que busca la protección de las autoridades porque lo quieren matar o extorsionar.

Pudrirse: Envejecer o deteriorarse dentro de un penal, aventarse flatulencias.

Pulir el casco: Hacer sexo oral.

Pulmón canero: Pulque hecho en un penal o comunidad.

Punta: Navaja, solera o cuchillo.

Punto rox: Interno caucásico con ano color rosa.

Puño de ligas: Es el ano.

Quebrar: Matar.

¡Qué Detalle!: Gracias, increíble, magnifico, estupendo, estoy agradecido.

Qué elegancia la de Francia: Que no escatimas al dar algo, sin importar la condición que tengas en el penal.

¿Qué hay qué hacer para merecer?: Dinero, droga o algún objeto deseado, también se usa para obtener respeto, poder, fama entre otros, al igual se usa comúnmente con las mujeres "¿Qué tengo que hacer para ganarme tu atención, tus sentimientos, tu cuerpo, tu apoyo o tu amor?".

Quihobolas: ¡Hola!, ¿qué onda, qué hay?, ¡qué gusto verte!.

¿Quién dice?: Frase sarcástica, se ocupa según la pregunta o comentario.

Quien se deja meter cuerda, se deja meter la verga: Expresión que se utiliza para pegarle al interno en su hombría o su ego y no permita que alguien lo manipule.

Quinceañera: Al interno que pasa su primer cumpleaños dentro de la comunidad le hacen fiesta de XV años, vestido de mujer y con peluca para bailar el vals con sus chambelanes, después tiene que bailar eróticamente con un palo de escoba para todo el dormitorio, el interno que no desea XV años tiene que regalar un surtido rico —múltiples golpes— para todo el dormitorio.

Quinta emipa: Posición de castigo, de pie con manos en la espalda y frente en el piso, esta posición es por tiempo indefinido.

Quítala: Quita la cara de espantado, quita la mirada, quita la cara de idiota, quita esa actitud, quita esos pensamientos.

Ramero: Interno débil, farsante, hablador, mentiroso, grosero, imbécil, etcétera.

Ranchero: Interno que reparte la comida en los reclusorios.

Rancho: Comida en los reclusorios, penitenciarias y correccionales.

Rancho: Nombre que recibe la comida en los reclusorios.

Recomendado: Interno al que recomiendan para golpear, torturar extorsionar, violar, o para no meterse con él. Interno de cuidado.

Recortado: Persona de baja estatura.

Relingo: Sinónimo de que algo ya no sirve y le das un último uso: zapatos, suéteres, pantalones, etcétera.

Rentear: Extorsionar, exigir dinero a otros internos, pedir dinero para no golpear o matar a otro.

Respetar la antigüedad: Hace referencia al tiempo que lleva en reclusión un interno y su jerarquía,

Respetar la reja: Que se abstenga de provocar o decir groserías al interno que ya está en su celda cerrada con candado, y es por eso que se da valor.

Rifarse: Pelearse, realizar un encargo o petición, aventurarse, realizar, hacer.

Rifle: Antena de metal para fumar crack calibres: 22" corta, 45" larga.

Rockero: Interno adicto a la piedra, crack.

Rockola: Interno al que ponen a cantar.

Rockys: Piedra, crack, droga a base de cocaína.

Rodillas de bebe: Guisado hecho con codillo de puerco en caldillo, sin sabor ni gracia.

Ruca: Interno que desempeña el papel de mujer con él líder del dormitorio, lava, cuelga la ropa, plancha, hace quehacer y cocina para él, de igual forma se deja violar.

Ruedas mágicas: Pastillas (chochos) éxtasis, clonazepam, diazepam, rivotril, valium, etcétera.

Ruedo: Pasillo que rodea la comunidad, patio.

Rufianero: Interno mañoso, mentiroso y traicionero. Interno del cual hay que cuidarse.

Sábados de rock: Después de ver "sábados de box", en canal 7, los internos se ponen a boxear en el dormitorio recreando las peleas, esto es por pura diversión de ver cómo pelean.

Sábana: Papel para fumar marihuana.

Sabes: ¡Tú sí sabes!, acuérdate, no se te olvide.

Sacamierda: Golpe en el ano con ambos dedos de en medio.

Sacar filo: Navajear múltiples veces a otro interno.

Sacar punta: Cortarse el pelo.

Sacón de mierda: Momento en el cual los compañeros del dormitorio te golpean brutalmente y te corren del mismo, te golpean por encajoso y abusivo con ellos.

Sacudir el polvo: Golpear a alguien.

Salirle al toro: Hacerte responsable de tus actos, responder por tus problemas, enfrentar consecuencias.

Sangre de Simpson: Atole de vainilla o fresa sin azúcar con grumos de masa casi pura agua.

Satélite: Interno que sólo está al pendiente de ver qué cosas pasan para poder delatar.

Sayayín: Interno que es bueno para pelear, aferrado, se encarga de pelearse por el líder y por el dormitorio, realiza hazañas peligrosas como robar, golpear o acuchillar a otros.

Sebo de león joven: Se usa para referirse al esmegma que se acumula en el glande por falta de higiene.

Seca y pacheca: Cannabis, mota, dormilona.

Se la rifa: Descripción de un interno que es bueno en lo que realiza: deporte, artesanía o alguna otra actividad.

Se quebró: Se murió.

Secuestrado: Interno de otro dormitorio que es secuestrado para torturarlo por diversión, también se llega a pedir rescate por él.

Sentarse a la diestra: Interno que consigue lo que quiere siendo sumiso y halagando a otro, interno que consigue lo que quiere dejándose violar o dando sexo oral.

Seis veinte: internos que llegaron para quedarse, ya que cuentan con sentencias largas debido a la gravedad de sus crímenes.

Servicio méndigo: Enfermería, consultorios donde no hay lo esencial para cualquier tratamiento médico o enfermedad grave.

Sin amor a las canicas: Que no tenga remordimiento, que no sea codo, o que no piense las cosas dos veces.

Sin jitomate la torta: Que no debes de quejarte de alguna acción que suceda si tú haces lo mismo, es el equivalente a gemir; por ejemplo una traición entre pareja.

Sin mamada: No es broma, no te estoy mintiendo, créeme, es verdad, estoy hablando seriamente.

Sin Ximena, Maricarmen: Sin gemir, marica.

Sin Yolanda: Sin llorar.

Siono: ¡Apoco no!, por favor, ¡verdad que sí! Regularmente se usa al final de ciertos comentarios o peticiones.

Solera: Pedazo de solera afilada como navaja o daga.

Sometidote: Mantener a un interno bajo tu dominio, interno esclavizado y al servicio de otro.

Surtido rico: Variedad de múltiples golpes, pechugazos, poncharas, bombones, correjendazos, telefonazos, mapes, ovnis, correcaminos, etcétera.

¿Ta peido papá?: Dicho que se utiliza para preguntar si estás enojado

Talonear: Pedir dinero forzosamente y con actitud agresiva, hay casos en que talonean con navaja o solera.

Tamarindo: El excremento.

Tanque y roll: Cuando estás fumando un cigarro de mariguana te dicen esa frase refiriéndose a que jales una gran cantidad y lo pases a otro.

Tantas bolas: Se refiere a una cierta cantidad de dinero, tanto dinero.

Talacho: Preso que realiza la limpieza general del reclusorio.

Tapiñado: Cobijas que rodean las camas cubriéndonos del frío, también sirven para que no vean lo que haces dentro.

Tapiñarla: Fingir que realizas una actividad, hacer las cosas a medias.

Tapón de alberca: Persona de baja estatura.

Tapiz: Se dice que es discreta la forma de manejarse de un interno al interior del penal.

Te entró la reversa: Que ya se echó para atrás de algo en lo que lo involucra y puede hablar para delatar a su compinche.

Te los cambio o me los cambias: Acción de intercambiar años de sentencia, ya sea colectiva o cuerpo a cuerpo en una pelea a muerte.

Te sabes varias: Hace énfasis en que está vivido o tiene malicia.

Te vas libreta: Cuando un interno se va libre (excarcelado).

Teje y maneje: Cómo se manejan las cosas.

Telefonazos: Pegar con la palma de las manos en ambos oídos repetidamente.

Tendido como liebre: Ve tan rápido como una liebre, realiza o haz las cosas exageradamente rápido.

Tendidos y vueltos verga: Molestar, golpear y humillar a un interno todo el día, hacer que los nuevos realicen actividades a base de golpes y maltratos durante todo el día.

Testereon: Fumar Marihuana o piedra.

Tía: Se usa para hacer referencia a la modalidad de extorsión en que se simula ser un familiar que está en el extranjero.

Tierno: Termino despectivo que se usa para nombrar al interno que va llegando al penal y le dan su bienvenida.

Tira / mono / policia: Custodio

Tira dieciocho: Cuidar, vigilar, observar para informar cualquier situación.

Tira gusanos: Interno con preferencias sexuales diferentes (homosexual) a la población en general, alude a que tiene gusanos en el ano.

Tirar esquina: Apoyar a otro interno en una pelea o riña, cuidar a un compañero mientras roba, viola o mata a otro.

Tirar la polilla: Golpear a otro interno.

Tirárselas: Navajearse con otro interno.

Tío: Palabra para dirigirse a alguien con respeto por que tiene una jerarquía.

Todos te fuman: Todos te ignoran, nadie te toma en serio, no eres nadie.

Tomahawk: Golpe con el puño cerrado que se le da a un interno en la cabeza como castigo por cometer errores, similar al "poñoñón".

Tomflas: El pene.

Tompiate: Testículo.

Topo: Interno que oculta droga, celulares u otro objeto en el ano.

Torcer: Cachar a alguien en alguna situación, ver, descubrir, observar.

Torcido: Evidenciado, hallado, descubierto.

Torreón / tostada: Es el equivalente a cincuenta pesos.

Tostadas de foco: Poner tortillas al calor de un foco hasta que se doren.

Tostadita: Golpe con la mano abierta en la parte donde se flexiona el codo.

Tostón: Equivalente a cincuenta pesos

Trola: Cerillos, fuego.

Traer aseos: Interno que dirige el aseo del dormitorio.

Traer un coco: Tener mucho dinero.

Traga salivas: Golpe en la manzana de la garganta.

Tratante de hermanas: Que prostituye a sus hermanas con otros internos para drogarse, o simplemente se las presenta a algún interno con solvencia económica.

Transcuerno: Traicionero.

Tranzado: Molesto, furioso, enojado, resentido, etcétera.

Treinta y tres: Mentira.

Trenzarse: Pelearse con saña.

Tribilin: El consejo tutelar para menores, hoy CEIPA.

Trompón: Golpe en la boca.

Trozado: Interno que ha sido violado dentro del penal o comunidad.

Tuinquis: Bolillo institucional aplastado.

Tumba o sarcófago: Lugar en un dormitorio, dentro de las correccionales, que es el equivalente a un camarote, cama.

Tupsi pop: A un interno le ponen una paleta "tupsi pop" entre las muelas y las mejillas para luego inflarlas de aire y recibir un golpe con los nudillos.

Tuza: Escondite para guardar diversos objetos (droga, teléfonos, dinero, navajas), producto o artículo que no esté permitido en el penal, y sea motivo de sanción por parte de la autoridades de la institución.

Último: El último que llegue, termine o realice cualquier actividad es golpeado por el resto de los internos, en cuanto gritan —¡Último¡— todos se tiene que apresurar si no quieren ser golpeados.

Un chesco: Mucho dinero.

Un ciego: Cien pesos.

Un cualquier: Cualquier moneda o cantidad, también aplica para cualquier objeto.

Un personaje: Interno que es famoso y respetado por diversos actos que realiza o que realizó, pueden ser actos malos o buenos e inclusive ambos.

Un ponte verga: Una cachetada.

Un quinqué: Quince pesos.

Un tirante: Una pelea, interno que es muy bueno para pelar.

Una maleta: Gran cantidad de dinero u objetos obtenidos.

Una milpa: Mil pesos.

Una tendida: Torturar a un interno.

Una veladora: Cigarro de marihuana, marihuana envuelta con periódico en forma de vela.

Unas de mole: Discutir, pelearse verbalmente con alguien.

Unicornio: Golpe con el nudillo que se le da en la frente a un interno por cometer un error o como castigo.

Uñitas: Golpe en las uñas de la mano con un palo de escoba o un jalador.

Valiendo verga, llamando al Santo y convocando al Blue Demon: Hay que hacerlo sin importar lo que suceda.

Varias y variadas: Que se sabe de todo a todo el sistema carcelario, en el lenguaje, en la convivencia, en los pleitos y como sobrevivir al encierro.

Vende almas: Interno que intercambia una relación sexual, amistad, noviazgo, o simplemente le presenta a algún familiar del sexo femenino a algún otro interno, con capacidad económica, a cambio de que le den dinero para drogarse.

Vendedor de Venecia: Vendedor nefasto. Poner en las manos de otro interno droga u otro objeto involuntariamente y hacer que la pague a la fuerza.

Volarse la verga: Abusar de alguna graciosidad, maldad, travesura, abusar de la droga, abusar sexualmente de otro interno, acuchillar a un interno hasta la muerte etcétera.

Voy o me descanso: ¿Lo hago yo o me espero a que lo hagas?

Vuelto verga: Traer a un interno movido, lavando, planchando, secando, barriendo, trapeando, acomodando, llevando, trayendo y haciendo lo que se le ordene. Rápido o veloz.

Wakanda: Nombre que adoptan los Reclusorios o Penitenciarias, lugar en donde existen internos avanzados y salvajes (sarcásticamente).

Walt Disney: Nombre que adoptan los Centros para Menores infractores.

Ya cantó: Ya habló, ya confesó, ya dijo.

Ya hablaste: Ya es un trato, ya quedamos, así lo hacemos, quedamos en algo.

Ya lo vieron: Orden que autoriza matar o golpear a un interno.

Ya los perros piden sombre: Hace referencia a que ya es muy tarde aún siendo temprano, y piden que se levanten y no sigan durmiendo.

Ya te traigo: Hay que pelearnos, traigo ganas de golpearte, me caes mal, me tienes harto, ya me fastidiaste.

Ya te tronó la caja: Que en un interrogatorio o una revisión puede echarse para atrás de algún pacto o comisión que tenga, por ejemplo, guardar algo prohibido y se lo encuentran.

Ya te vi: Se utiliza cuando un interno se endeuda demasiado y trata de esconderse, pero cuando es descubierto se asusta por qué le van a poner una madriza o en algunos casos matarlo.

Yea-yea de aquí hasta donde sea: Que no le tiene miedo a algún traslado, castigo o que lo segreguen.

Yo la cago, yo la limpio: Si llegó a cometer un error asumo las consecuencias.

Yo no soy puerco para agarrarme a trompadas: Que no le gustan los golpes, y prefiere usar alguna solera, navaja u objeto apto para agredir y así evitar el intercambio de golpes.

Yupi-yupi el muñeco Chucky : Grito de alegría al tener un motivo de emoción.

Yuyearse: Fresearse o cotizarse.

Zapatazo: Al interno que está descuidado o que está durmiendo se le avientan zapatos, tenis o botas.

Zona cero: Lugar de castigo en un modulo de máxima seguridad.

Zona Minada: Lugar de un dormitorio en donde hay eses fecales de internos que no pueden hacer sus necesidades fisiológicas en los servicio sanitarios, por lo regular es hasta atrás de un dormitorio.

Zorra: Idiota, estúpido o mediocre.

Índice

Lenguaje incorregible

diccionario de frases carcelarias,
tercera impresión,
se terminó en julio del 2022,
en los talleres de Ex libris
Teléfono móvil: +52 1 5584837044

www.ingramcontent.com/pod-product-compliance
Lightning Source LLC
LaVergne TN
LVHW040905150826
845672LV00007B/1907

* 9 7 9 8 8 3 9 6 7 1 7 7 5 *